AF222016

Impressum
Verlag: BABADADA GmbH, Nedderfeld 112 , 22529 Hamburg
Geschäftsführer / Verlagsleitung: Harald Hof
Druck: Books on Demand GmbH, In de Tarpen 42, 22848 Norderstedt

Imprint
Publisher: BABADADA GmbH, Nedderfeld 112 , 22529 Hamburg, Germany
Managing Director / Publishing direction: Harald Hof
Print: Books on Demand GmbH, In de Tarpen 42, 22848 Norderstedt

škola
koulu

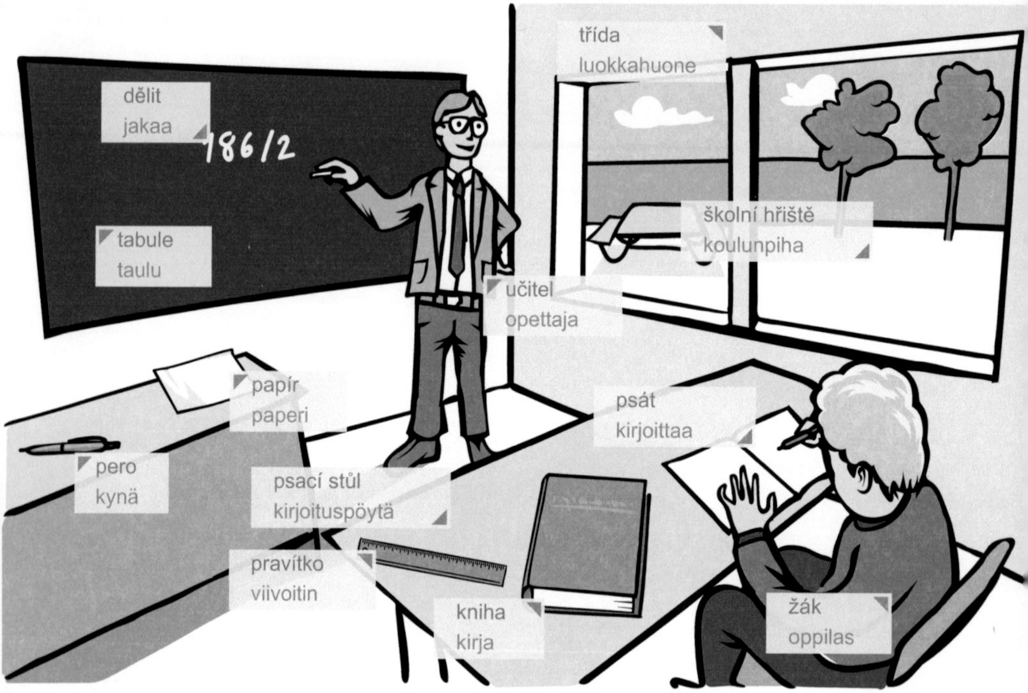

třída
luokkahuone
dělit
jakaa
186/2
tabule
taulu
školní hřiště
koulunpiha
učitel
opettaja
papír
paperi
psát
kirjoittaa
pero
kynä
psací stůl
kirjoituspöytä
pravítko
viivoitin
kniha
kirja
žák
oppilas

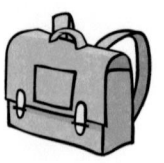

aktovka
reppu

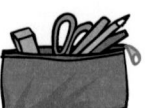

penál
penaali

tužka
lyijykynä

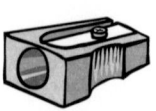

ořezávátko
kynänteroitin

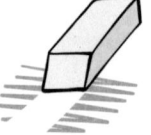

guma
pyyhekumi

blok na kreslení
piirustuslehtiö

výkres

piirustus

štětec

pensseli

malířské potřeby

vesivärit

nůžky

sakset

lepidlo

liima

cvičebnice

harjoituskirja

domácí úkol

kotitehtävä

počet

luku

sčítat

lisätä

odčítat

vähentää

násobit

kertoa

počítat

laskea

písmeno

kirjain

abeceda

aakkoset

slovo

sana

text

teksti

číst

lukea

křída

liitu

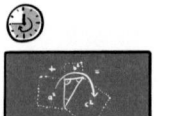

hodina

oppitunti

třídní kniha

opettajan muistikirja

zkouška

koe

vysvědčení

todistus

školní uniforma

koulupuku

vzdělání

koulutus

encyklopedie

sanakirja

univerzita

yliopisto

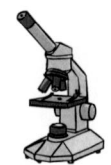

mikroskop

mikroskooppi

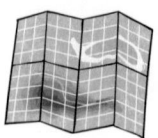

karta

kartta

odpadkový koš na papír

roskakori

cesta
matka

hotel
hotelli
Grand
ubytovna
retkeilymaja
ROOMS
směnárna
rahanvaihto
EXCHANGE
kufr
matkalaukku
auto
auto

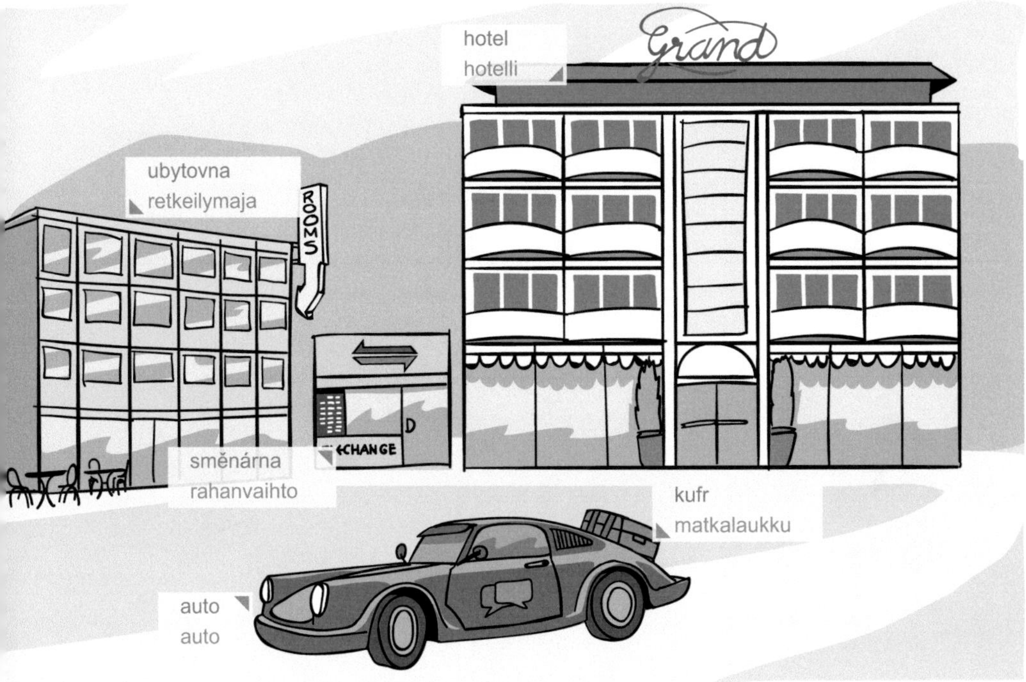

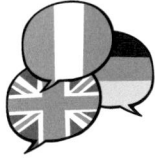

jazyk

kieli

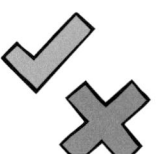

ano / ne

kyllä / ei

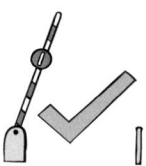

oukej

selvä

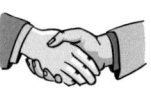

Ahoj!

hei

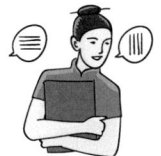

překladatel

tulkki

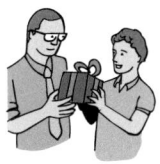

děkuji

kiitos

Kolik stojí...?

Paljonko...maksaa?

nerozumím

en ymmärrä

problém

ongelma

Dobrý večer!

Hyvää iltaa!

Dobré ráno!

Hyvää huomenta!

Dobrou noc!

Hyvää yötä!

na shledanou

näkemiin

směr

suunta

zavazadlo

matkatavarat

taška

laukku

batoh

reppu

host

vieras

pokoj

huone

spací pytel

makuupussi

stan

teltta

turistické informace

turisti-info

pláž

ranta

kreditní karta

luottokortti

snídaně

aamupala

oběd

lounas

večeře

päivällinen

jízdenka

matkalippu

výtah

hissi

poštovní známka

postimerkki

hranice

raja

clo

tulli

poselství

suurlähetystö

vízum

viisumi

pas

passi

transport
kuljetus

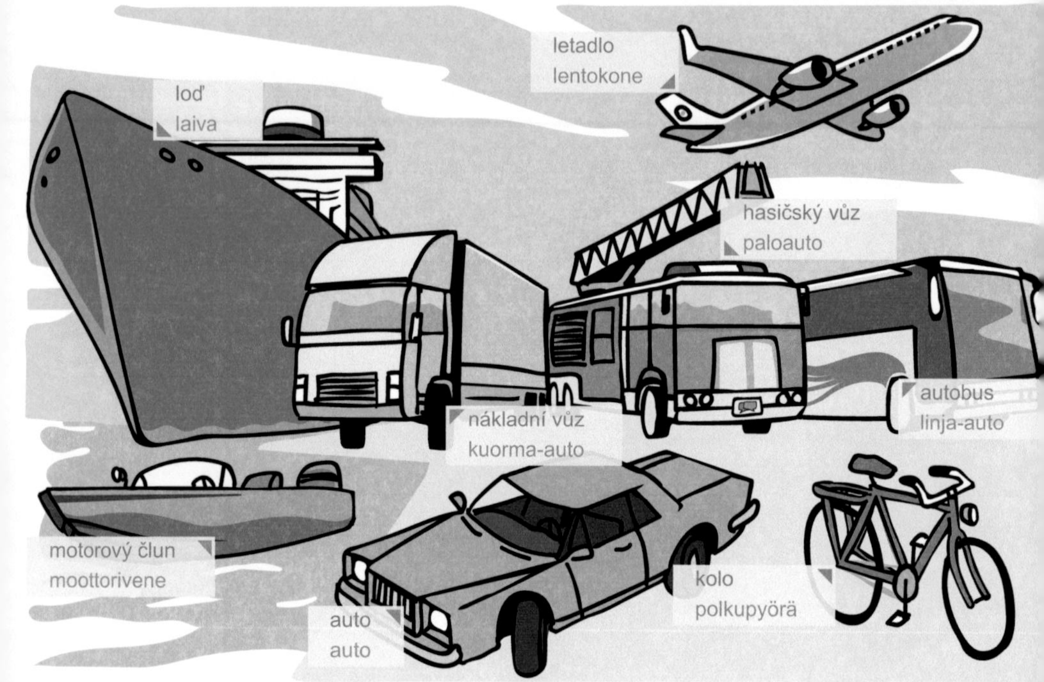
letadlo
lentokone
loď
laiva
hasičský vůz
paloauto
autobus
linja-auto
nákladní vůz
kuorma-auto
motorový člun
moottorivene
kolo
polkupyörä
auto
auto

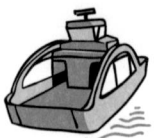

přívoz

lautta

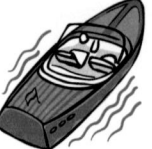

člun

vene

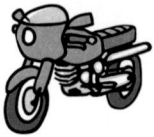

motorka

moottoripyörä

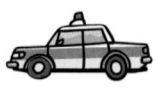

policejní auto

poliisiauto

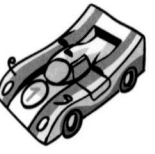

závodní auto

kilpa-auto

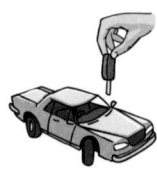

pronajaté auto

vuokra-auto

sdílení aut

car sharing

odtahová služba

hinausauto

popelářský vůz

roska-auto

motor

moottori

palivo

polttoaine

čerpací stanice

huoltoasema

dopravní značka

liikennemerkki

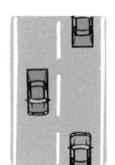

doprava

liikenne

dopravní zácpa

ruuhka

parkoviště

parkkipaikka

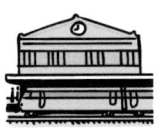

vlakové nádraží

rautatieasema

koleje

raiteet

vlak

juna

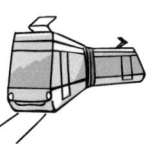

tramvaj

raitiovaunu

vagón

vaunu

helikoptéra

helikopteri

letiště

lentokenttä

věž

lähilennonjohto

pasažér

matkustaja

kontejner

kontti

kartón

pahvilaatikko

trakař

kärryt

koš

kori

vzlétnout / přistát

nousta / laskea

město
kaupunki

vesnice

kylä

střed města

keskusta

dům

talo

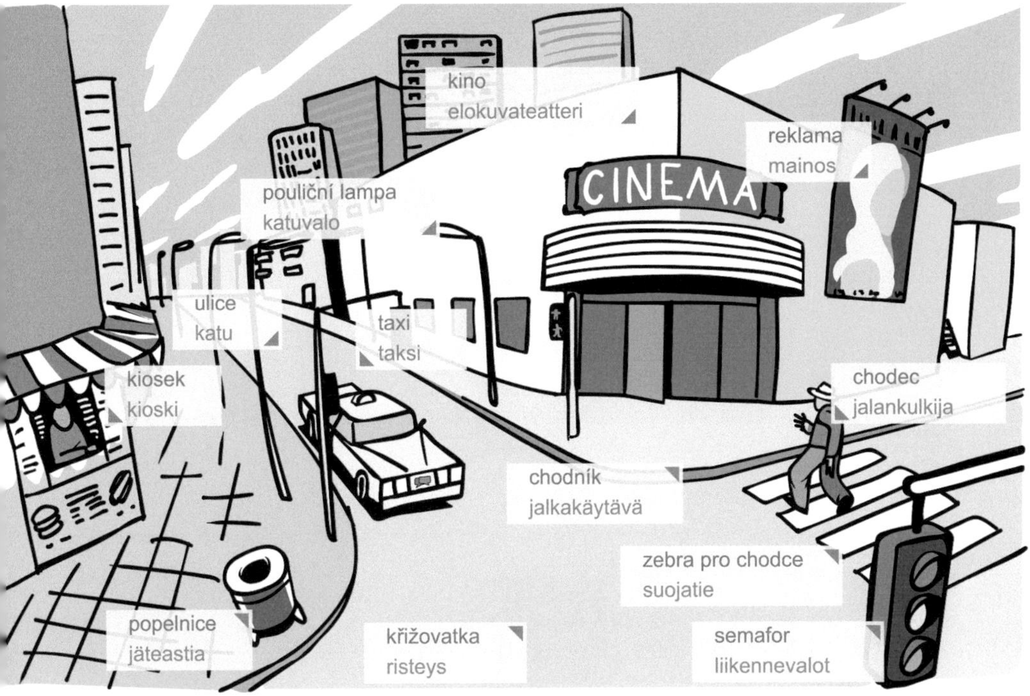

kino
elokuvateatteri
CINEMA
reklama
mainos
pouliční lampa
katuvalo
ulice
katu
taxi
taksi
kiosek
kioski
chodec
jalankulkija
chodník
jalkakäytävä
zebra pro chodce
suojatie
popelnice
jäteastia
křižovatka
risteys
semafor
liikennevalot

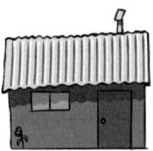

chata
mökki

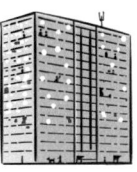

byt
kerrostalo

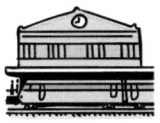

vlakové nádraží
rautatieasema

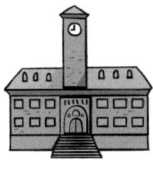

radnice
kaupungintalo

MUSEUM

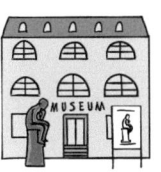

muzeum
museo

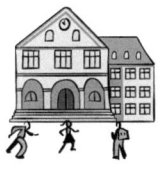

škola
koulu

univerzita

yliopisto

banka

pankki

nemocnice

sairaala

hotel

hotelli

lékárna

apteekki

kancelář

toimisto

knihkupectví

kirjakauppa

obchod

liike

květinářství

kukkakauppa

supermarket

supermarketti

tržnice

tori

obchodní dům

tavaratalo

rybárna

kalakauppias

nákupní centrum

ostoskeskus

přístav

satama

park

puisto

lavička

penkki

most

silta

schody

portaat

metro

metro

tunel

tunneli

autobusová zastávka

linja-autopysäkki

bar

baari

restaurace

ravintola

poštovní schránka

postilaatikko

pouliční tabule

katukyltti

parkovací hodiny

parkkimittari

zoo

eläintarha

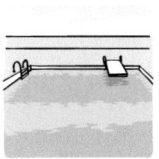

plovárna

uimala

mešita

moskeija

usedlost
....
maatila

znečišťování životního
prostředí
....
ympäristön saastuminen

hřbitov
....
hautausmaa

církev
....
kirkko

hřiště
....
leikkikenttä

chrám
....
temppeli

krajina
maisema

list
lehti

rozcestník
tienviitta

cesta
tie

louka
niitty

kámen
kivi

turista
retkeilijä

strom
puu

řeka
joki

tráva
ruoho

květina
kukka

údolí
laakso

hora
vuori

jezero
järvi

les
metsä

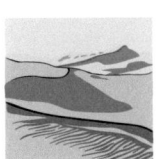

poušť
aavikko

sopka
tulivuori

zámek
linna

duha
sateenkaari

houba
sieni

palma
palmu

komár
hyttynen

moucha
kärpänen

mravenec
muurahainen

včela
mehiläinen

pavouk
hämähäkki

brouk

kovakuoriainen

žába

sammakko

veverka

orava

ježek

siili

zajíc

jänis

sova

pöllö

pták

lintu

labuť

joutsen

divoké prase

villisika

jelen

peura

los

hirvi

přehrada

pato

větrné kolo

tuulimylly

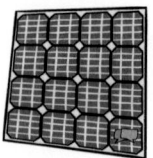

solární panel

aurinkopaneeli

podnebí

ilmasto

restaurace
ravintola

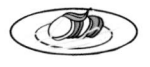

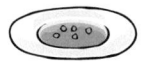

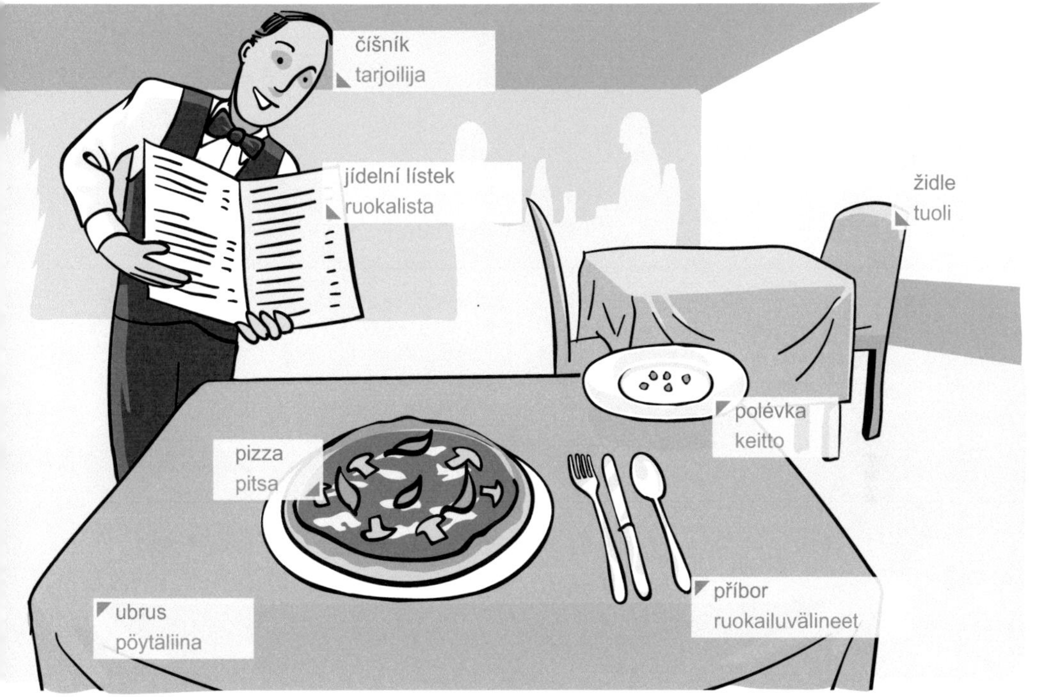
číšník
tarjoilija
jídelní lístek
ruokalista
židle
tuoli
polévka
keitto
pizza
pitsa
příbor
ruokailuvälineet
ubrus
pöytäliina

předkrm

alkuruoka

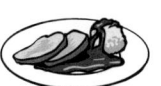

hlavní chod

pääruoka

dezert

jälkiruoka

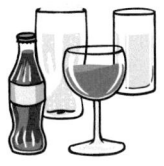

nápoje

juomat

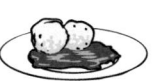

jídlo

ruoka

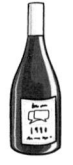

láhev

pullo

rychlé občerstvení

pikaruoka

pouliční občerstvení

katuruoka

čajová konvice

teekannu

cukřenka

sokeriastia

porce

annos

kávovar na espresso

espressokeitin

dětská stolička

syöttötuoli

faktura

lasku

tác

tarjotin

nůž

veitsi

vidlička

haarukka

lžíce

lusikka

čajová lyžička

teelusikka

ubrousek

servietti

sklenička

lasi

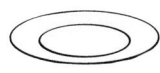

talíř

lautanen

talíř na polévku

syvä lautanen

podšálek

aluslautanen

omáčka

kastike

slánka

suolasirotin

mlýnek na pepř

pippurimylly

ocet

etikka

olej

öljy

koření

mausteet

kečup

ketsuppi

hořčice

sinappi

majonéza

majoneesi

supermarket

supermarketti

nabídka
tarjous
FOR
zákazník
asiakas
mléčné výrobky
maitotuotteet
ovoce
hedelmät
nákupní vozík
ostoskärryt

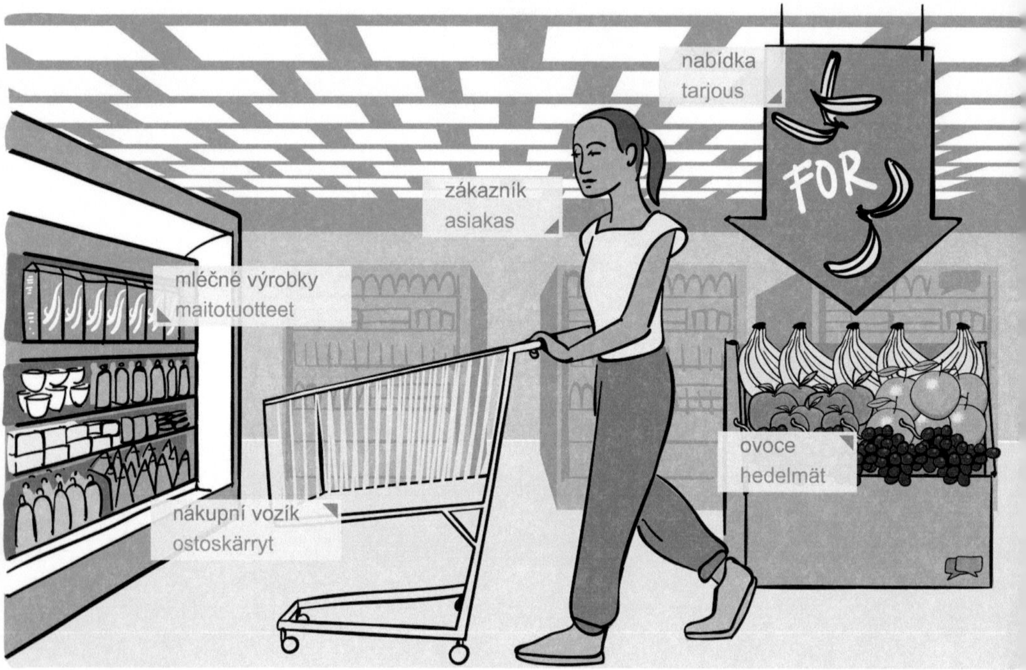

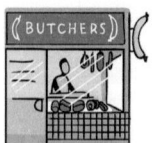

BUTCHERS

masna

teurastamo

BAKERY

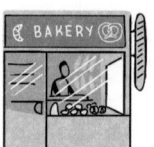

pekařství

leipomo

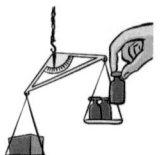

vážit

punnita

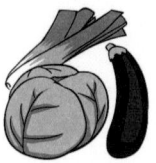

zelenina

kasvikset

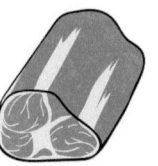

maso

liha

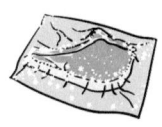

mražené potraviny

pakasteet

obložený talíř

leikkele

konzervy

säilykkeet

prací prášek

pesujauhe

cukrovinky

makeiset

výrobky pro domácnost

kotitaloustarvikkeet

čisticí prostředek

puhdistusaineet

prodavačka

myyjä

pokladna

kassa

pokladní

kassanhoitaja

nákupní seznam

ostoslista

otevírací doba

aukioloajat

peněženka

lompakko

kreditní karta

luottokortti

taška

kassi

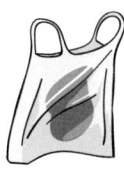

igelitová taška

muovipussi

voda

vesi

džus

mehu

mléko

maito

kola

kokis

víno

viini

pivo

olut

alkohol

alkoholi

kakao

kaakao

čaj

tee

káva

kahvi

espresso

espresso

kapučíno

cappuccino

banán

banaani

jablko

omena

pomeranč

appelsiini

meloun

meloni

citrón

sitruuna

mrkev

porkkana

česnek

valkosipuli

bambus

bambu

cibule

sipuli

houba

sieni

ořechy

pähkinät

těstoviny

spagetti

špageti

spagetti

rýže

riisi

salát

salaatti

hranolky

ranskalaiset

americké brambory

paistetut perunat

pizza

pitsa

hamburger

hampurilainen

sendvič

voileipä

řízek

leike

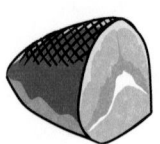

šunka

kinkku

salám

salami

salám

makkara

kuře

kana

pečeně

paisti

ryby

kala

ovesné vločky

kaurahiutaleet

müsli

mysli

vločky

murot

mouka

jauho

croissant

voisarvi

houska

sämpylä

chléb

leipä

toast

paahtoleipä

sušenky

keksit

máslo

voi

tvaroh

rahka

buchta

kakku

vejce

kananmuna

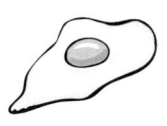

volské oko

paistettu kananmuna

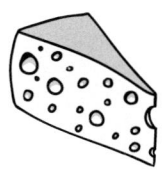

sýr

juusto

zmrzlina

jäätelö

cukr

sokeri

med

hunaja

marmeláda

hillo

nugátový krém

suklaapähkinälevite

kari

curry

usedlost

maatila

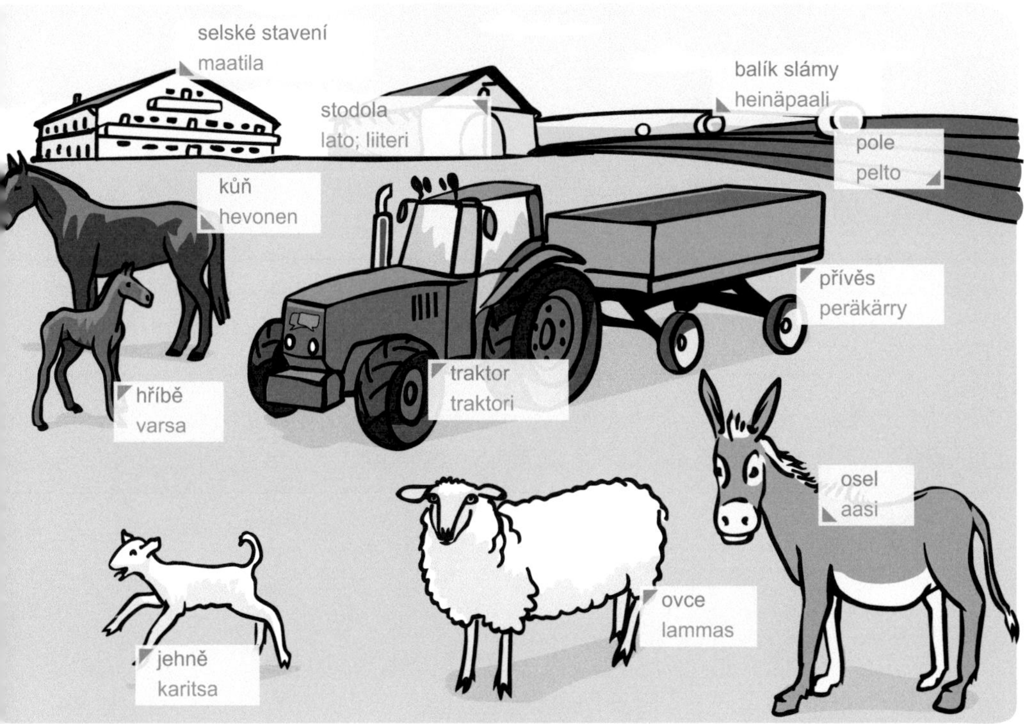

selské stavení
maatila
stodola
lato; liiteri
balík slámy
heinäpaali
pole
pelto
kůň
hevonen
přívěs
peräkärry
traktor
traktori
hříbě
varsa
osel
aasi
ovce
lammas
jehně
karitsa

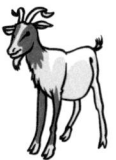

koza

vuohi

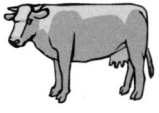

kráva

lehmä

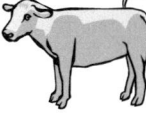

tele

vasikka

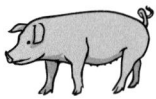

prase

sika

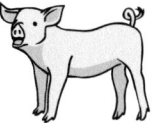

sele

porsas

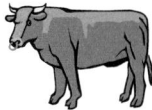

býk

sonni

husa

hanhi

kachna

ankka

kuře

tipu

slepice

kana

kohout

kukko

krysa

rotta

kočka

kissa

myš

hiiri

vůl

härkä

pes

koira

psí bouda

koirankoppi

zahradní hadice

puutarhaletku

kropicí konev

kastelukannu

kosa

viikate

pluh

aura

srp

sirppi

motyka

kuokka

vidle

talikko

sekera

kirves

kolecko

kottikärryt

koryto

kaukalo

konev na mléko

maitokannu

pytel

säkki

plot

aita

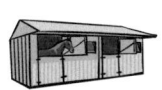

stáj

talli

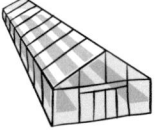

skleník

kasvihuone

půda

maa

osivo

siemen

hnojivo

lannoite

kombajn

leikkuupuimuri

sklidit

kerätä sato

sklizeň

sato

smldinec

jamssit

pšenice

vehnä

sója

soija

brambora

peruna

kukuřice

maissi

řepka

rypsi

ovocný strom

hedelmäpuu

maniok

maniokki

obilí

vilja

dům

talo

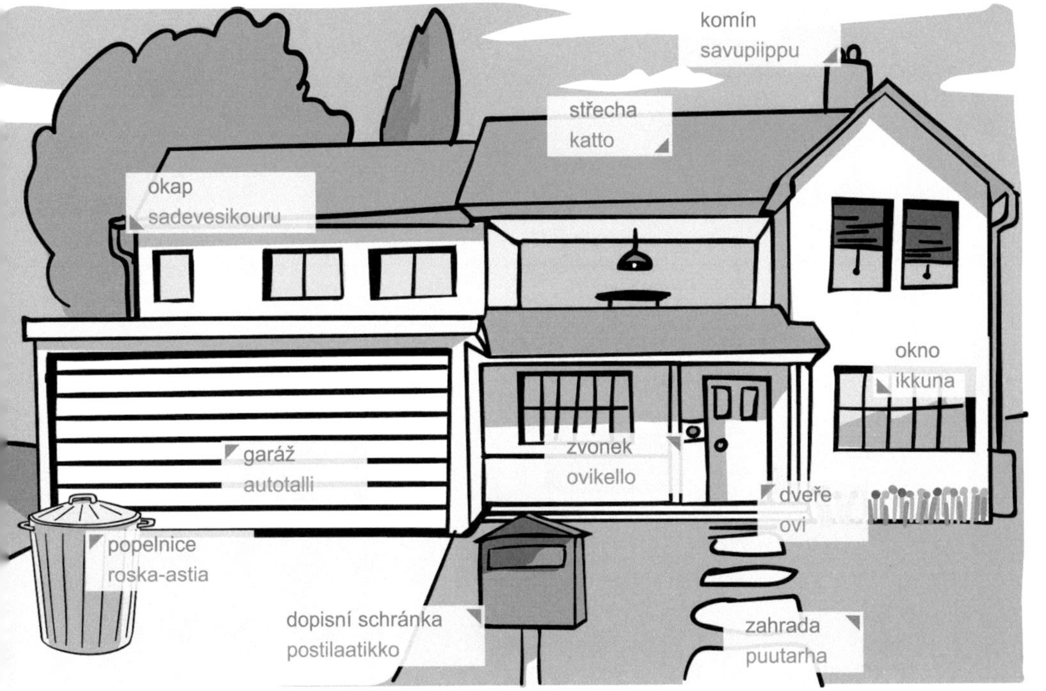
komín
savupiippu
střecha
katto
okap
sadevesikouru
okno
ikkuna
garáž
autotalli
zvonek
ovikello
dveře
ovi
popelnice
roska-astia
dopisní schránka
postilaatikko
zahrada
puutarha

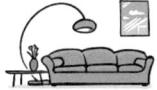

obývací pokoj

olohuone

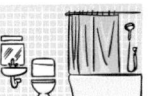

koupelna

kylpyhuone

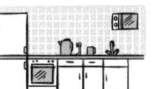

kuchyně

keittiö

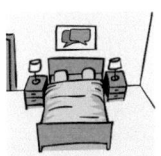

ložnice

makuuhuone

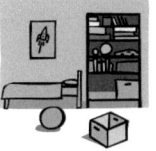

dětský pokoj

lastenhuone

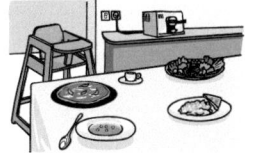

jídelna

ruokahuone

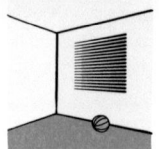

podlaha

lattia

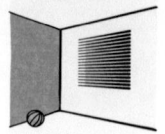

zeď

seinä

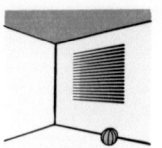

deka

katto

sklep

kellari

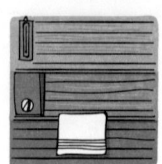

sauna

sauna

balkón

parveke

terasa

terassi

bazén

uima-allas

sekačka na trávu

ruohonleikkuri

ložní prádlo

lakana

lůžková přikrývka

päiväpeitto

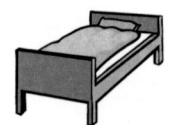

postel

sänky

smeták

harja

kýbl

ämpäri

vypínač

katkaisin

obývací pokoj
olohuone

tapeta
tapetti
obrázek
kuva
žárovka
lamppu
police
hylly
skříň
kaappi
televizor
televisio
komín
takka
květina
kukka
polštář
tyyny
gauč
sohva
váza
maljakko
dálkový ovladač
kaukosäädin

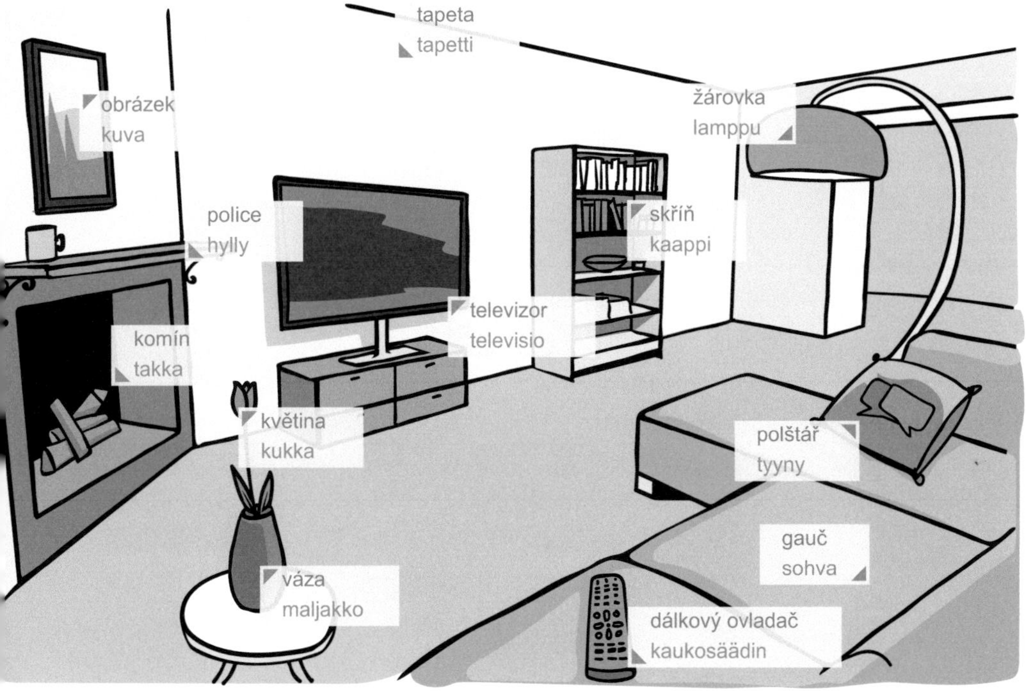

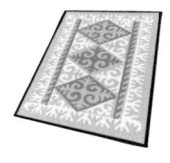

koberec

matto

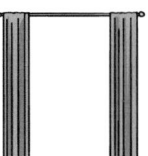

závěs

verho

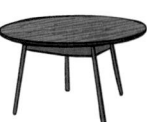

stůl

pöytä

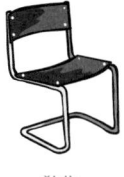

židle

tuoli

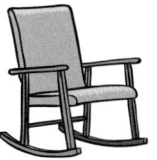

houpací křeslo

keinutuoli

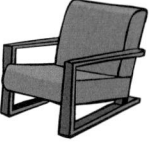

křeslo

nojatuoli

kniha

kirja

strop

peitto

ozdoba

koriste

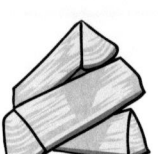

palivové dříví

polttopuut

film

elokuva

stereo souprava

stereot

klíč

avain

noviny

sanomalehti

malba

maalaus

plakát

juliste

rádio

radio

poznámkový blok

muistivihko

vysavač

pölynimuri

kaktus

kaktus

svíce

kynttilä

kuchyně
keittiö

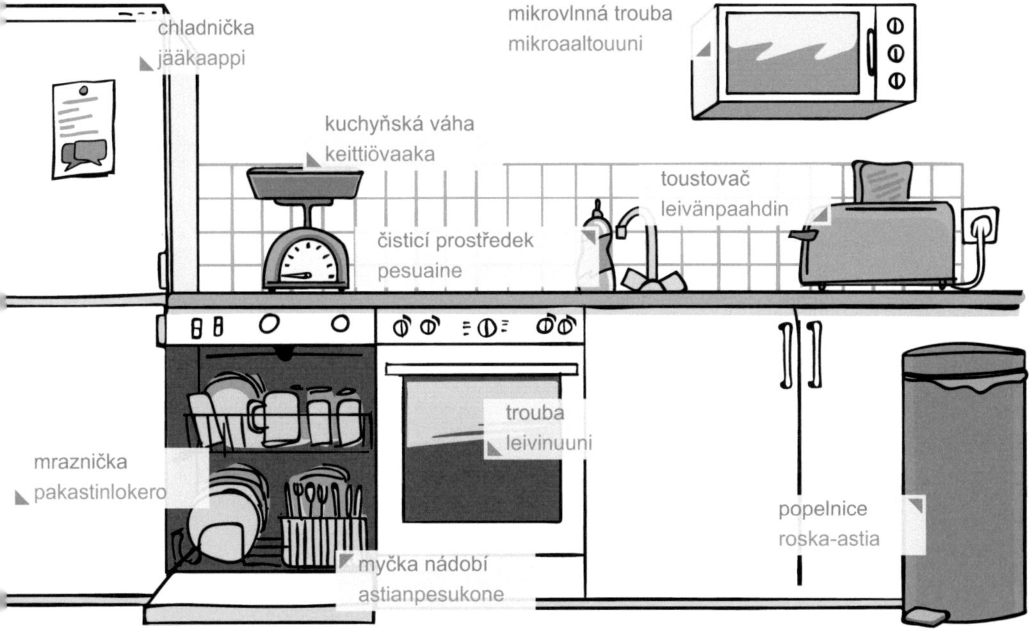
chladnička
jääkaappi
mikrovlnná trouba
mikroaaltouuni
kuchyňská váha
keittiövaaka
toustovač
leivänpaahdin
čisticí prostředek
pesuaine
trouba
leivinuuni
mraznička
pakastinlokero
popelnice
roska-astia
myčka nádobí
astianpesukone

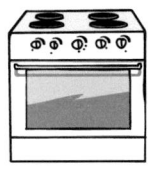

sporák

liesi

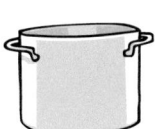

hrnec

kattila

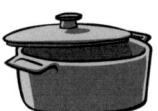

litinový hrnec

rautapata

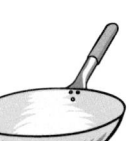

wok / kadai

vokkipannu / kadai-pannu

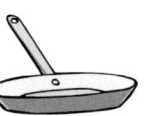

pánev

paistinpannu

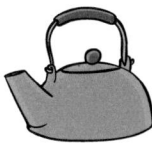

varná konvice

teepannu

parní hrnec

höyrykeitin

plech na pečení

uunipelti

nádobí

astiat

hrnek

muki

miska

kulho

jídelní hůlky

syömäpuikot

naběračka

kauha

obracečka

paistinlasta

metla

vispilä

síto

siivilä

cedník

siivilä

struhadlo

raastin

hmoždíř

mortteli

gril

grilli

ohniště

avotuli

prkénko na krájení

leikkuulauta

váleček na těsto

kaulin

vývrtka

korkinavaaja

dóza

purkki

otvírák na konzervy

purkinavaaja

chňapka

pannulappu

umyvadlo

lavuaari

kartáč na nádobí

tiskiharja

houba

pesusieni

mixér

tehosekoitin

mrazák

pakastin

dětská lahev

tuttipullo

kohoutek

vesihana

koupelna
kylpyhuone

topení
lämmitys
sprcha
suihku
ručník
pyyhe
sprchový závěs
suihkuverho
pěnová koupel
vaahtokylpy
vana
kylpyamme
sklenička
lasi
pračka
pesukone
kohoutek
vesihana
obkladačky
kaakelit
nočník
potta
umyvadlo
lavuaari

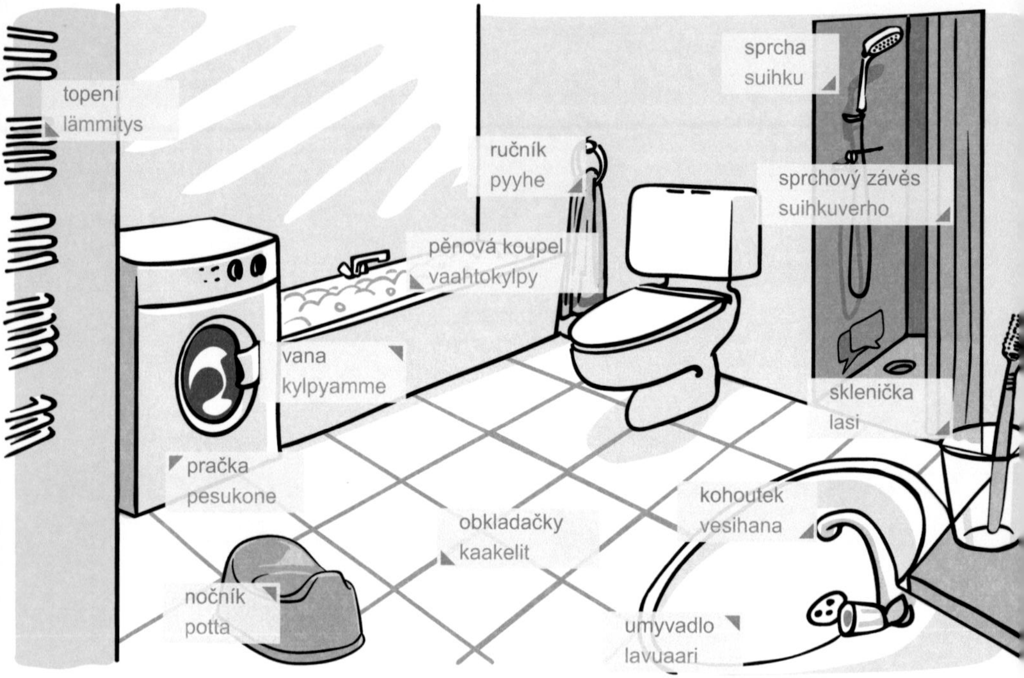

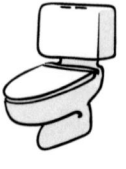

záchod

vessa

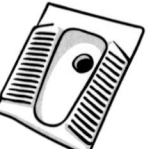

turecký záchod

kyykkyvessa

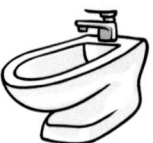

bidet

bidee

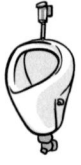

pisoár

pisuaari

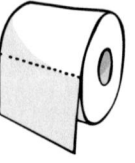

toaletní papír

vessapaperi

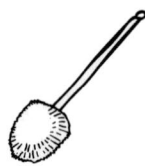

záchodová štětka

vessaharja

zubní kartáček

hammasharja

zubní pasta

hammastahna

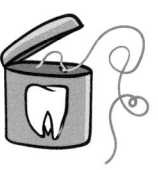

zubní niť

hammaslanka

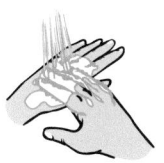

mýt

pestä

ruční sprcha

käsisuihku

intimní sprcha

intiimisuihku

umyvadlo

pesuvati

kartáč na záda

selkäharja

mýdlo

saippua

sprchový gel

suihkugeeli

šampón

shampoo

žínka

pesulappu

odpad

viemäri

krém

voide

deodorant

deodorantti

zrcadlo

peili

kosmetické zrcátko

käsipeili

holicí strojek

partaveitsi

pěna na holení

partavaahto

voda po holení

partavesi

hřeben

kampa

kartáč

harja

fén

hiustenkuivaaja

lak na vlasy

hiuslakka

makeup

meikki

rtěnka

huulipuna

lak na nehty

kynsilakka

vata

pumpuli

nůžky na nehty

kynsisakset

parfém

hajuvesi

taška s toaletními potřebami

kosmetiikkalaukku

stolička

jakkara

váha

vaaka

župan

kylpytakki

gumové rukavice

kumihansikkaat

tampón

tamponi

dámská vložka

terveysside

chemická toaleta

kemiallinen wc

dětský pokoj
lastenhuone

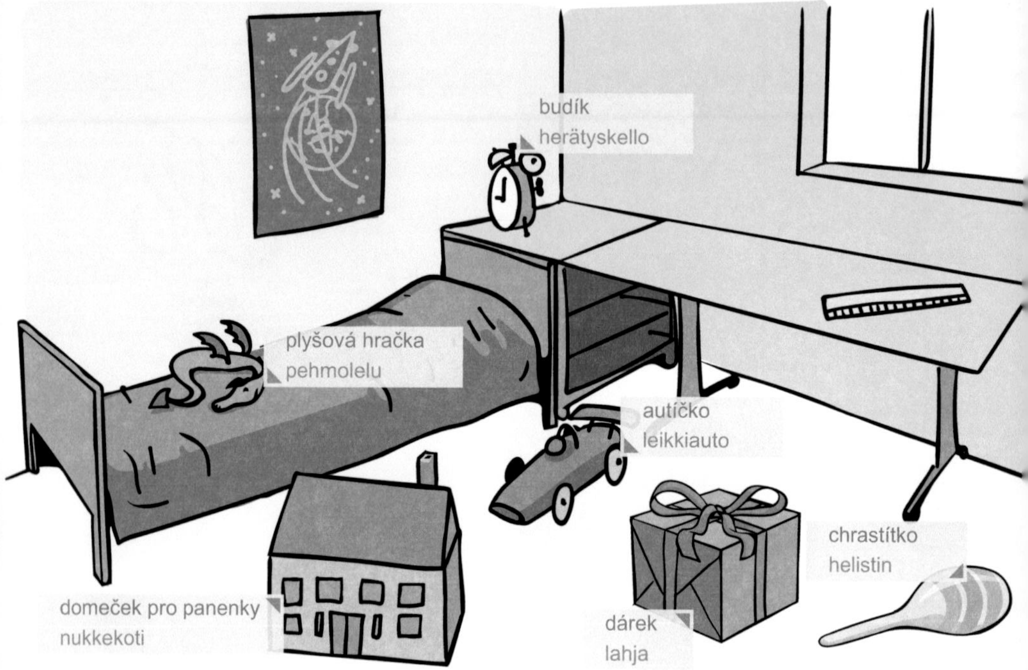
budík
herätyskello
plyšová hračka
pehmolelu
autíčko
leikkiauto
chrastítko
helistin
domeček pro panenky
nukkekoti
dárek
lahja

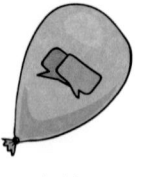

balón

ilmapallo

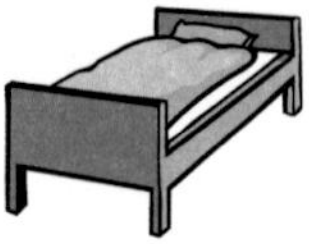

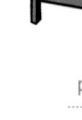

postel

sänky

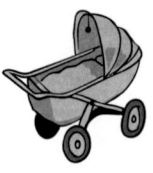

kočárek

lastenvaunut

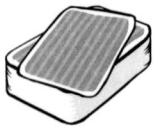

balíček karet

korttipeli

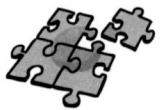

puzzle

palapeli

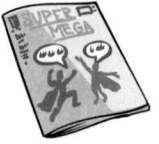

komiks

sarjakuva

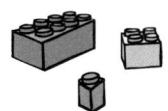

lego kostky

legopalikat

stavebnice

rakennuspalikat

akční figurka

supersankari

dupačky

potkupuku

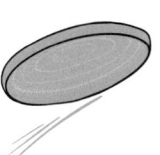

frisbee

frisbee

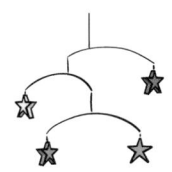

závěsné hračky nad postýlku

mobile

desková hra

lautapeli

kostky

noppa

modelová železnice

pienoisjunarata

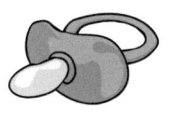

dudlík

tutti

oslava

juhlat

obrázková kniha

kuvakirja

míč

pallo

panenka

nukke

hrát si

leikkiä

pískoviště

hiekkalaatikko

houpačka

keinu

hračky

lelut

hrací konzole

pelikonsoli

tříkolka

kolmipyörä

medvídek

nalle

šatník

vaatekaappi

oblečení

vaatteet

ponožky

sukat

punčochy

nylonsukat

punčochové kalhoty

sukkahousut

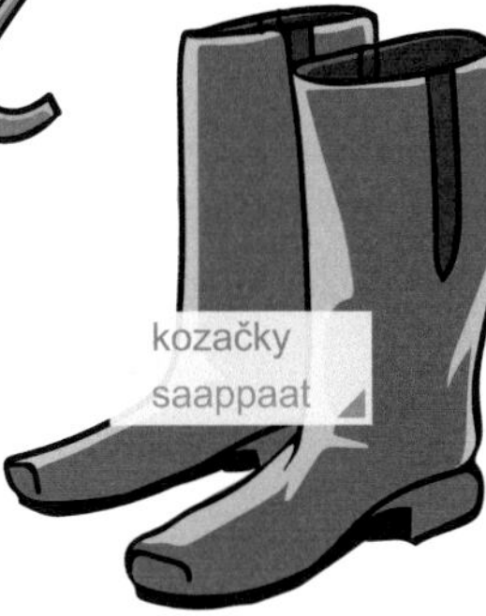

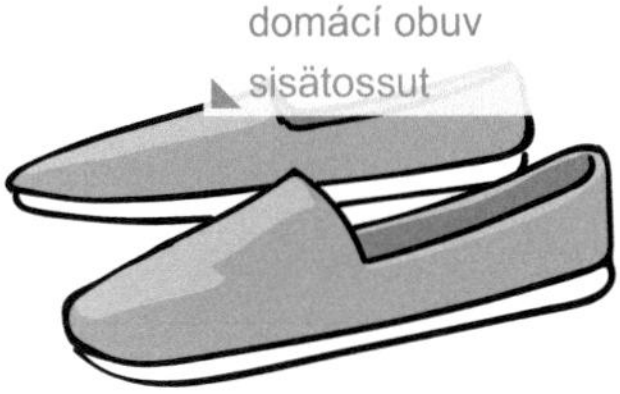

šála
kaulaliina

pásek
vyö

deštník
sateenvarjo

tričko
t-paita

kozačky
saappaat

domácí obuv
sisätossut

tenisky
lenkkarit

sandály
sandaalit

obuv
kengät

holínky
kumisaappaat

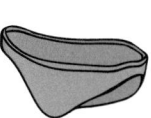

spodní prádlo
alushousut

podprsenka
rintaliivit

nátělník
aluspaita

body
body

kalhoty
housut

džíny
farkut

sukně
hame

blůza
pusero

košile
paita

svetr
villapaita

mikina
collegepaita

blejzr
jakku

bunda
takki

kabát
takki

pláštěnka
sadetakki

kostým
puku

šaty
mekko

svatební šaty
hääpuku

oblek

puku

noční košile

yöpaita

pyžamo

pyjama

sárí

shari

šátek na hlavu

päähuivi

turban

turbaani

burka

burka

kaftan

kaftaani

abája

abaya

plavky

uimapuku

pánské plavky

uimahousut

kraťasy

shortsit

teplákova souprava

verkkarit

zástěra

esiliina

rukavice

käsineet

knoflík

nappi

brýle

silmälasit

náramek

rannekoru

náhrdelník

kaulakoru

prsten

sormus

náušnice

korvakoru

čepice

lippalakki

ramínko

ripustin

klobouk

hattu

kravata

solmio

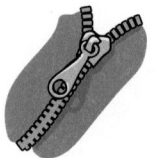

zip

vetoketju

helma

kypärä

kšandy

henkselit

školní uniforma

koulupuku

uniforma

univormu

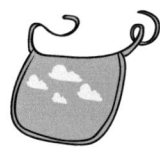

bryndák

ruokalappu

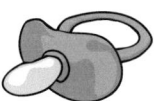

dudlík

tutti

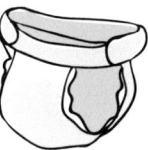

plena

vaippa

kancelář
toimisto

server
palvelin
kartotéka
asiakirjakaappi
tiskárna
tulostin
papír
paperi
monitor
näyttö
psací stůl
kirjoituspöytä
myš
hiiri
šanon
kansio
klávesnice
näppäimistö
odpadkový koš na papír
roskakori
židle
tuoli
počítač
tietokone

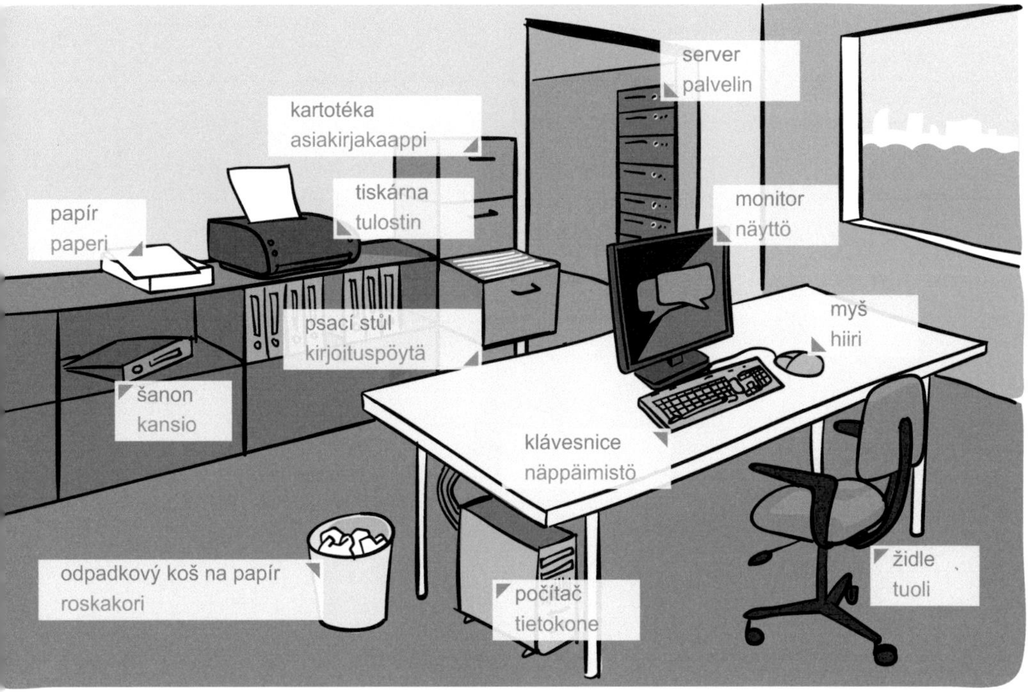

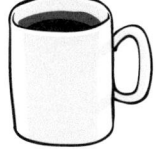

hrnek na kávu

kahvimuki

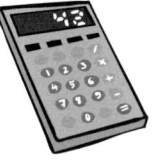

kalkulačka

taskulaskin

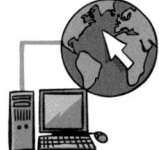

internet

internet

notebook

kannettava tietokone

dopis

kirje

zpráva

viesti

mobil

kännykkä

síť

verkko

kopírka

kopiokone

software

ohjelmisto

telefon

puhelin

zásuvka

pistorasia

fax

faksi

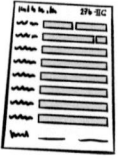

formulář

lomake

dokument

asiakirja

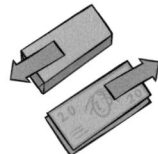

nakupovat

ostaa

zaplatit

maksaa

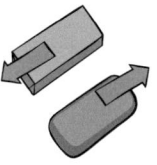

jednat

vaihtaa

peníze

raha

 **USD**

dolar

dollari

 **EUR**

euro

euro

 **JPY**

jen

jeni

 **RUB**

rubl

rupla

 **CHF**

frank

frangi

 **CNY**

juan

renminbi juan

 **INR**

rupie

rupia

bankomat

pankkiautomaatti

směnárna

rahanvaihto

zlato

kulta

stříbro

hopea

olej

öljy

energie

energia

cena

hinta

smlouva

sopimus

daň

vero

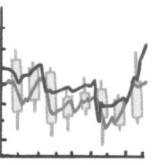

akcie

osake

pracovat

työskennellä

zaměstnanec

työntekijä

zaměstnavatel

työnantaja

továrna

tehdas

obchod

liike

povolání
ammatit

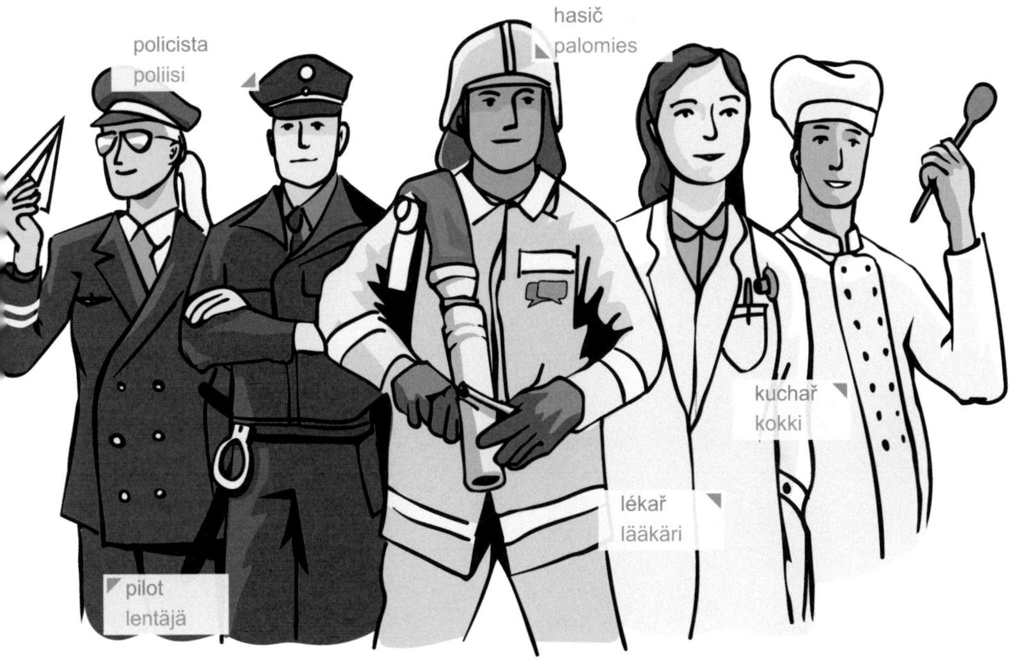

hasič
palomies
policista
poliisi
kuchař
kokki
lékař
lääkäri
pilot
lentäjä

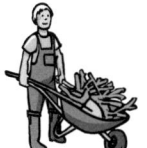

zahradník

puutarhuri

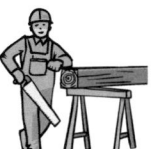

truhlář

puuseppä

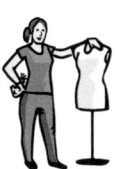

švadlena

ompelija

soudce

tuomari

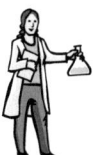

chemik

kemisti

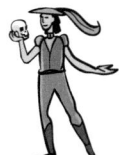

herec

näyttelijä

řidič autobusu

linja-autonkuljettaja

řidič taxi

taksinkuljettaja

rybář

kalastaja

uklízečka

siivooja

pokrývač

katontekijä

číšník

tarjoilija

myslivec

metsästäjä

malíř

maalari

pekař

leipuri

elektrikář

sähköasentaja

stavební dělník

rakentaja

inženýr

insinööri

řezník

teurastaja

klempíř

putkiasentaja

listonoš

postinjakaja

voják
sotilas

architekt
arkkitehti

pokladní
kassanhoitaja

florista
floristi

kadeřník
kampaaja

průvodčí
konduktööri

mechanik
mekaanikko

kapitán
kapteeni

zubař
hammaslääkäri

vědec
tiedemies

rabín
rabbi

imám
imaami

mnich
munkki

duchovní
pappi

nářadí
työkalut

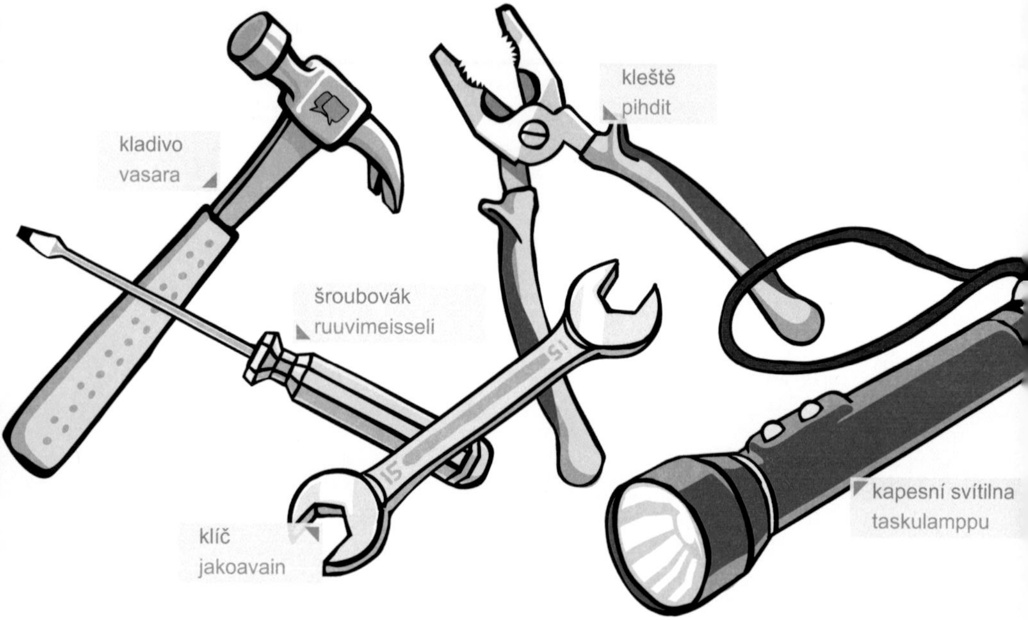

kladivo
vasara
kleště
pihdit
šroubovák
ruuvimeisseli
kapesní svítilna
taskulamppu
klíč
jakoavain

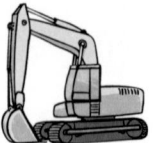

bagr

kaivinkone

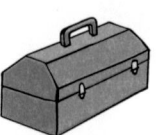

skříň na nářadí

työkalupakki

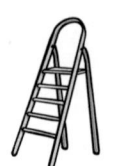

žebřík

tikkaat

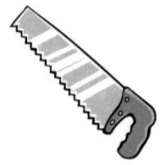

pila

saha

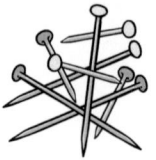

hřebíky

naulat

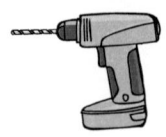

vrtačka

pora

opravit
korjata

lopata
lapio

Kurva!
Hitto!

lopatka
rikkalapio

vědroé na barvu
maalipurkki

šrouby
ruuvit

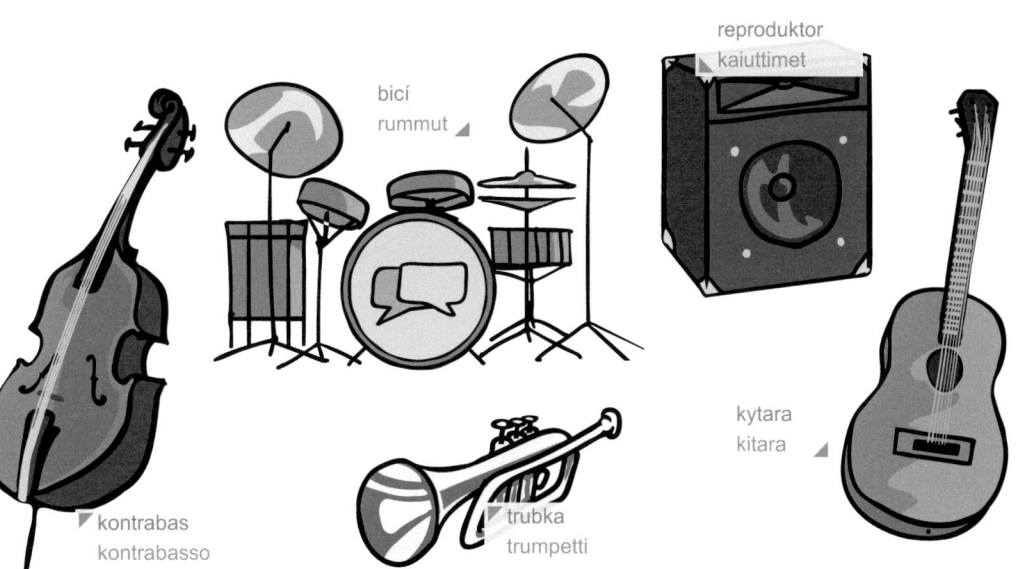

reproduktor
kaiuttimet

bicí
rummut

kontrabas
kontrabasso

trubka
trumpetti

kytara
kitara

klavír

piano

housle

viulu

basa

basso

tympán

patarummut

bubny

rumpu

keyboard

kosketinsoitin

saxofon

saksofoni

flétna

huilu

mikrofon

mikrofoni

vstup
sisäänkäynti

tygr
tiikeri

klec
häkki

zebra
seepra

krmivo pro zvířata
eläinten ruoka

panda
panda

zvířata

eläimet

slon

norsu

klokan

kenguru

nosorožec

sarvikuono

gorila

gorilla

medvěd

karhu

velbloud

kameli

pštros

strutsi

lev

leijona

opice

apina

plameňák

flamingo

papoušek

papukaija

lední medvěd

jääkarhu

tučňák

pingviini

žralok

hai

páv

riikinkukko

had

käärme

krokodýl

krokotiili

ošetřovatel zvířat

eläintarhanhoitaja

tuleň

hylje

jaguár

jaguaari

poník

poni

leopard

leopardi

hroch

virtahepo

žirafa

kirahvi

orel

kotka

divoké prase

villisika

ryby

kala

želva

kilpikonna

mrož

mursu

liška

kettu

gazela

gaselli

americký fotbal
amerikkalainen jalkapallo

cyklistika
pyöräily

tenis
tennis

košíková
koripallo

plavání
uinti

box
nyrkkeily

lední hokej
jääkiekko

kopaná

jalkapallo

badminton

sulkapallo

lehká atletika

yleisurheilu

házená

käsipallo

běh na lyžích

hiihto

vodní pólo

poolo

skočit
hypätä

smát se
nauraa

objímat
halata

jít
kävellä

zpívat
laulaa

snít
unelmoida

modlit se
rukoilla

políbit
suudella

psát
kirjoittaa

kreslit
piirtää

ukazovat
näyttää

tlačit
painaa

dát
antaa

vzít si
ottaa

mít

omistaa

dělat

tehdä

být

olla

stát

seisoa

běhat

juosta

táhnout

vetää

hodit

heittää

padat

kaatua

ležet

maata

čekat

odottaa

nosit

kantaa

sedět

istua

oblékat

pukeutua

spát

nukkua

vzbudit se

herätä

prohlédnout si

katsoa

plakat

itkeä

pohladit

silittää

česat

kammata

hovořit

puhua

rozumět

ymmärtää

ptát se

kysyä

slyšet

kuunnella

pít

juoda

jíst

syödä

uklidit

siivota

milovat

rakastaa

vařit

keittää

jet

ajaa

letět

lentää

plachtit

purjehtia

počítat

laskea

číst

lukea

učit se

oppia

pracovat

työskennellä

vzít si

mennä naimisiin

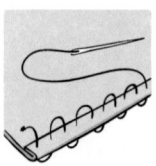

šít

ommella

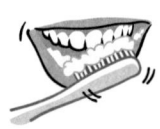

čistit si zuby

pestä hampaat

zabít

tappaa

kouřit

tupakoida

poslat

lähettää

rodina
perhe

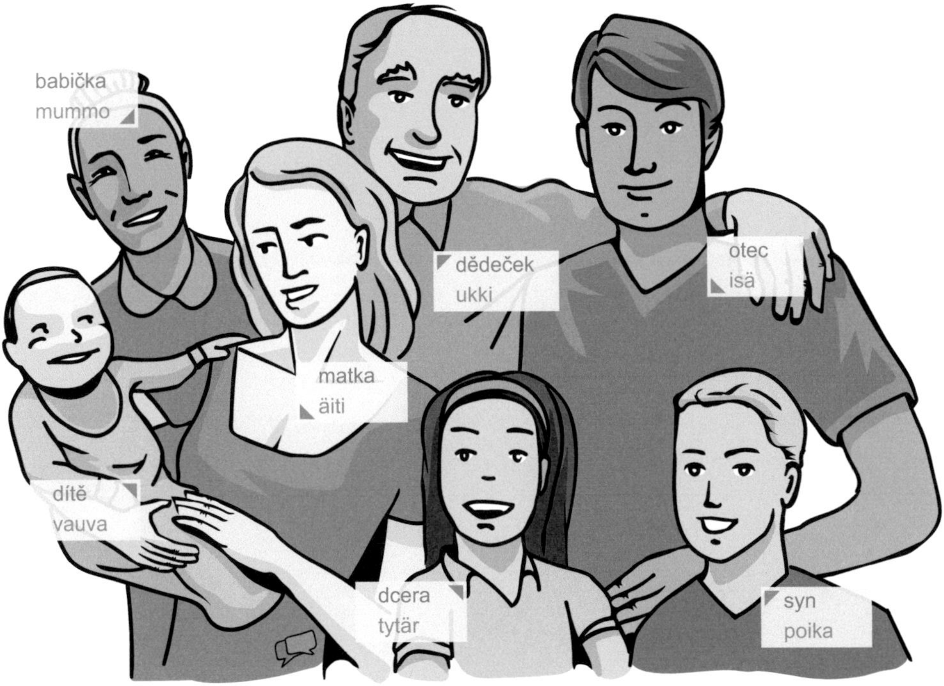
babička
mummo
dědeček
ukki
otec
isä
matka
äiti
dítě
vauva
dcera
tytär
syn
poika

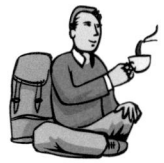

host

vieras

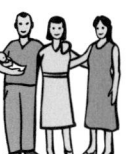

teta

täti

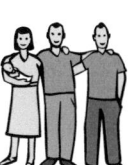

strýc

setä

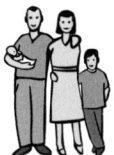

bratr

veli

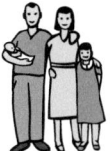

sestra

sisko

tělo

vartalo

čelo
otsa
oko
silmä
rameno
olkapää
prst
sormet
obličej
kasvot
brada
leuka
ruka
käsi
dolní končetina
jalka
hruď
rinta
paže
käsivarsi

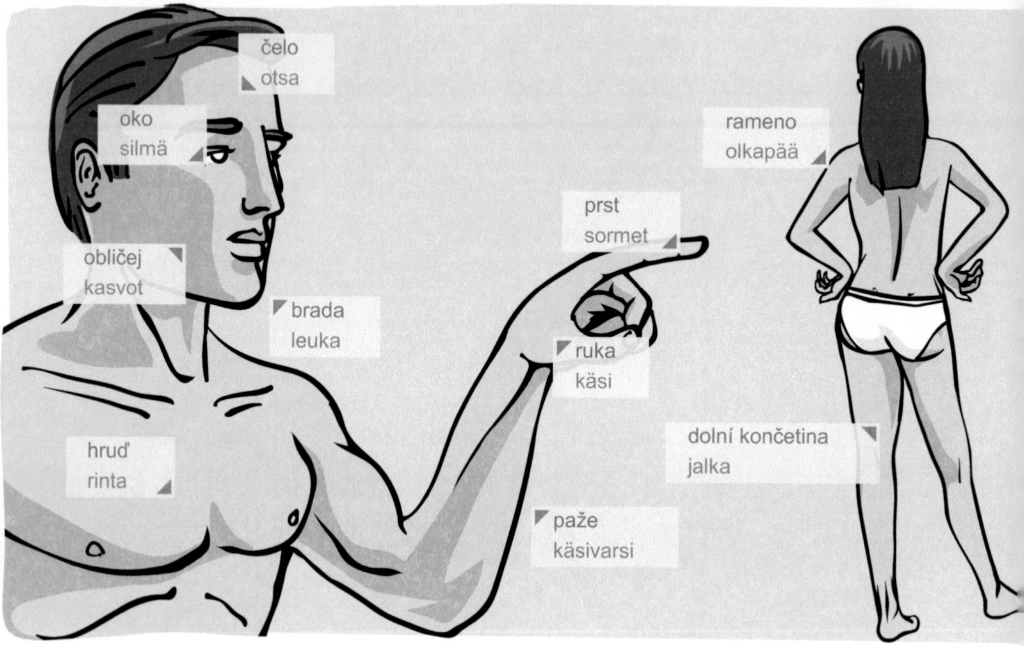

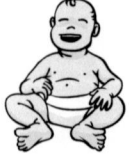

dítě

vauva

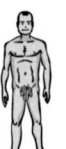

muž

mies

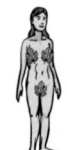

žena

nainen

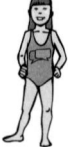

dívka

tyttö

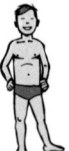

chlapec

poika

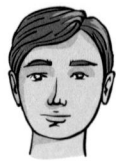

hlava

pää

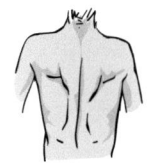

záda

selkä

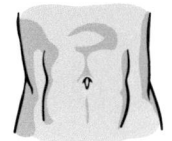

břicho

maha

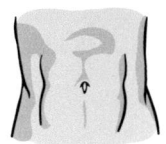

pupík

napa

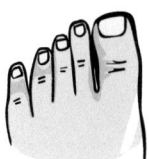

prst na noze

varvas

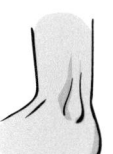

pata

kantapää

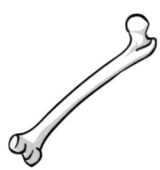

kost

luu

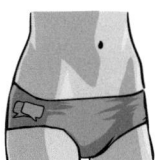

bok

lantio

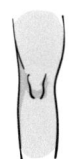

koleno

polvi

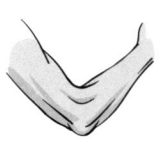

loket

kyynärpää

nos

nenä

zadek

takapuoli

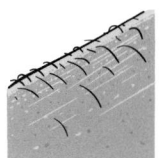

kůže

iho

tvář

poski

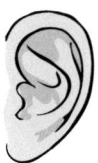

ucho

korva

ret

huuli

tělo - vartalo

ústa

suu

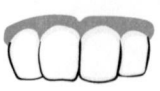

zub

hammas

jazyk

kieli

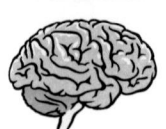

mozek

aivot

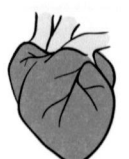

srdce

sydän

sval

lihas

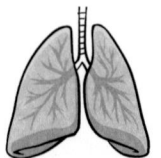

plíce

keuhkot

játra

maksa

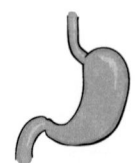

žaludek

vatsa

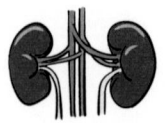

ledviny

munuaiset

pohlavní styk

seksi

kondom

kondomi

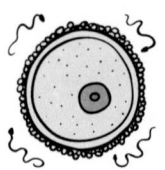

vajíčko

munasolu

sperma

sperma

těhotenství

raskaus

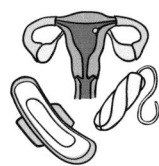

menstruace

kuukautiset

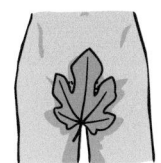

vagina

vagina

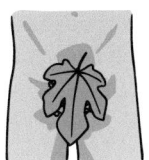

penis

penis

oboči

kulmakarvat

vlasy

hiukset

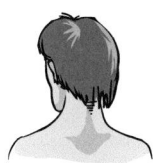

krk

niska

nemocnice
sairaala

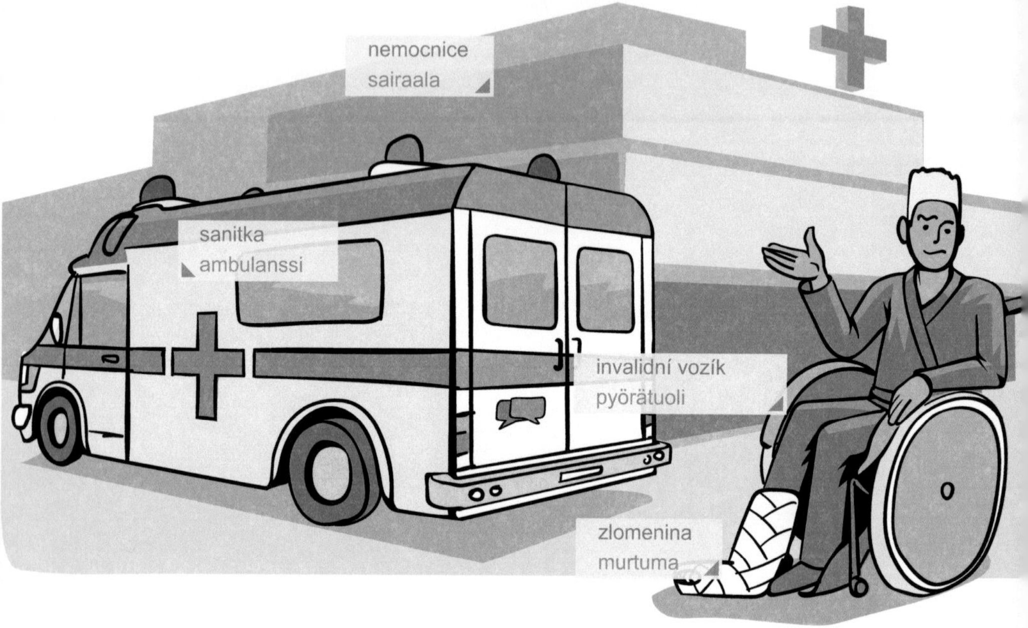

nemocnice
sairaala
sanitka
ambulanssi
invalidní vozík
pyörätuoli
zlomenina
murtuma

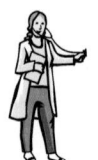

lékař

lääkäri

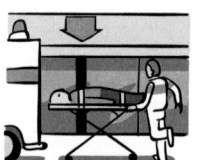

pohotovost

ensiapu

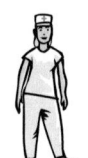

zdravotní sestra

sairaanhoitaja

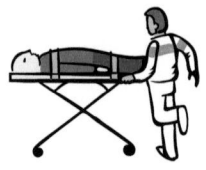

urgentní případ

hätätilanne

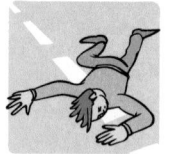

v bezvědomí

tajuton

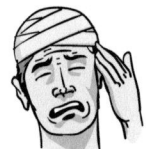

bolest

kipu

úraz

vamma

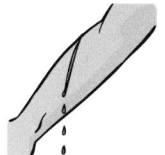

krvácení

verenvuoto

infarkt myokardu

sydänkohtaus

cévní mozková příhoda

aivoinfarkti

alergie

allergia

kašel

yskä

horečka

kuume

chřipka

flunssa

průjem

ripuli

bolest hlavy

päänsärky

rakovina

syöpä

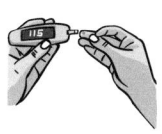

cukrovka

diabetes

chirurg

kirurgi

skalpel

veitsi

operace

leikkaus

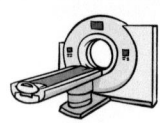

CT

ct

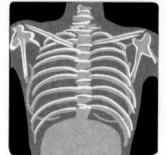

rentgen

röntgen

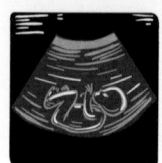

ultrazvuk

ultraääni

maska

maski

nemoc

sairaus

čekárna

odotushuone

berle

sauva

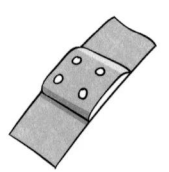

náplast

laastari

obvaz

side

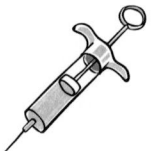

injekce

pistos

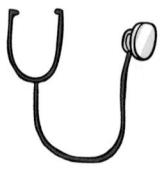

stetoskop

stetoskooppi

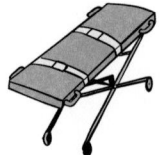

nosítka

paarit

teploměr

kuumemittari

porod

syntymä

nadváha

ylipaino

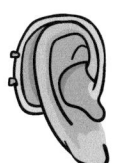

naslouchátko
kuulolaite

dezinfekční prostředek
desinfiointiaine

infekce
infektio

virus
virus

HIV / AIDS
HIV / AIDS

lékařství
lääke

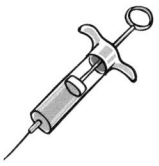

očkování
rokotus

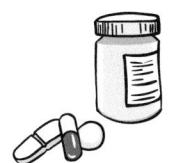

tablety
tabletit

pilulka
pilleri

tísňové volání
hätäpuhelu

tonometr
verenpainemittari

nemocný / zdravý
sairas / terve

Pomoc! Apua!	 poplach hälytys	 přepadení ryöstö
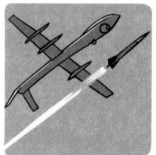 napadení hyökkäys	 nebezpečí vaara	 nouzový východ hätäuloskäynti
Hoří! Tulipalo!	 hasicí přístroj palosammutin	 nehoda onnettomuus
 zdravotnická brašna ensiapulaukku	 SOS SOS	 policie poliisilaitos

Evropa

Eurooppa

Severní Amerika

Pohjois-Amerikka

Jižní Amerika

Etelä-Amerikka

Afrika

Afrikka

Asie

Aasia

Austrálie

Australia

Atlantik

Atlantin valtameri

Pacifik

Tyynimeri

Indický oceán

Intian valtameri

Jižní ledový oceán

Eteläinen jäämeri

Severní ledový oceán

Pohjoinen jäämeri

severní pól

pohjoisnapa

jižní pól
etelänapa

Antarktida
Antarktis

země
maa

pevnina
maa

moře
meri

ostrov
saari

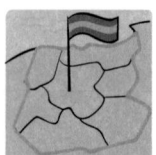

národ
kansa

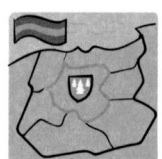

stát
osavaltio

ciferník

kellotaulu

hodinová ručička

tuntiviisari

minutová ručička

minuuttiviisari

vteřinová ručička

sekuntiviisari

Kolik je hodin?

Paljonko kello on?

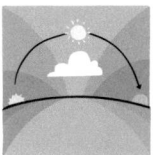

den

päivä

čas

aika

teď

nyt

digitální hodinky

digitaalikello

minuta

minuutti

hodina

tunti

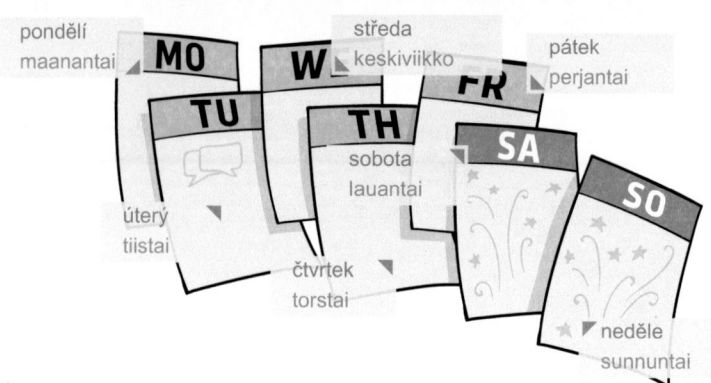

pondělí
maanantai

MO

středa
keskiviikko

W

pátek
perjantai

FR

TU

TH

SA

sobota
lauantai

SO

úterý
tiistai

čtvrtek
torstai

neděle
sunnuntai

včera

eilen

dnes

tänään

zítra

huomenna

ráno

aamu

poledne

keskipäivä

večer

ilta

MO	TU	WE	TH	FR	SA	SU
1	2	3	4	5	6	7
8	9	10	11	12	13	14
15	16	17	18	19	20	21
22	23	24	25	26	27	28
29	30	31	1	2	3	4

pracovní dny

týopäivät

MO	TU	WE	TH	FR	SA	SU
1	2	3	4	5	6	7
8	9	10	11	12	13	14
15	16	17	18	19	20	21
22	23	24	25	26	27	28
29	30	31	1	2	3	4

víkend

viikonloppu

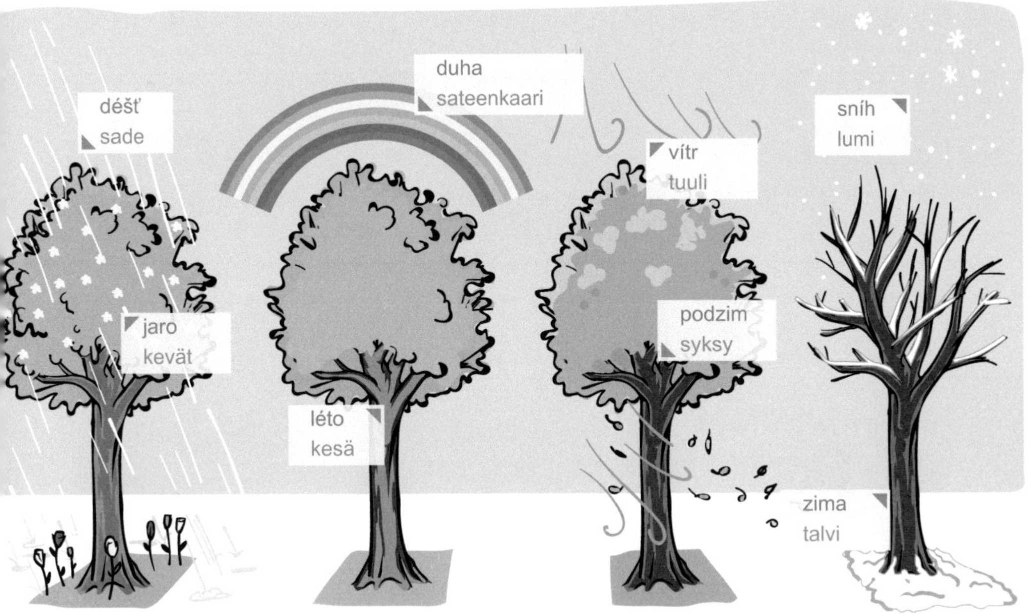

déšť
sade

duha
sateenkaari

vítr
tuuli

sníh
lumi

jaro
kevät

léto
kesä

podzim
syksy

zima
talvi

4.APRIL	11°	☀
5.APRIL	4°	
6.APRIL	13°	
7.APRIL	8°	☀
8.APRIL	10°	☀

předpověď počasí

sääennuste

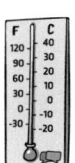

teploměr

lämpömittari

sluneční svit

auringonpaiste

mrak

pilvi

mlha

sumu

vlhkost

ilmankosteus

blesk

salama

hrom

ukkonen

bouřka

myrsky

kroupy

rae

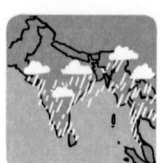

monzun

monsuuni

povodeň

tulva

led

jää

leden

tammikuu

únor

helmikuu

březen

maaliskuu

duben

huhtikuu

květen

toukokuu

červen

kesäkuu

červenec

heinäkuu

srpen

elokuu

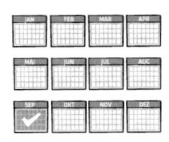

září
....
syyskuu

říjen
....
lokakuu

listopad
....
marraskuu

prosinec
....
joulukuu

tvary

muodot

kruh
....
ympyrä

čtverec
....
neliö

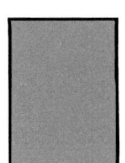

obdélník
....
suorakulmio

trojúhelník
....
kolmio

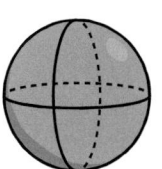

koule
....
pallo

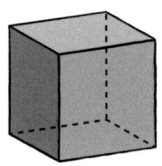

krychle
....
kuutio

bílá

valkoinen

žlutá

keltainen

oranžová

oranssi

růžová

vaaleanpunainen

červená

punainen

fialová

violetti

modrá

sininen

zelená

vihreä

hnědá

ruskea

šedá

harmaa

černá

musta

hodně / málo

paljon / vähän

rozzuřený / mírumilovný

vihainen / ystävällinen

krásný / ošklivý

kaunis / ruma

začátek / konec

alku / loppu

velký / malý

suuri / pieni

světlý / tmavý

vaalea / tumma

bratr / sestra

veli / sisko

čistý / špinavý

puhdas / likainen

úplný / neúplný

täydellinen / epätäydellinen

den / noc

päivä / yö

mrtvý / živý

kuollut / elävä

široký / úzký

leveä / kapea

jedlý / nejedlý

syötävä / syömäkelvoton

zlý / hodný

paha / kiltti

vzrušený / znuděný

innostunut / tylsistynyt

tlustý / hubený

lihava / laiha

nejdříve / naposledy

ensimmäinen / viimeinen

přítel / nepřítel

ystävä / vihollinen

plný / prázdný

täysi / tyhjä

tvrdý / měkký

kova / pehmeä

těžký / lehký

painava / kevyt

hlad / žízeň

nälkä / jano

nemocný / zdravý

sairas / terve

ilegální / legální

laiton / laillinen

inteligentní / hloupý

älykäs / tyhmä

vlevo / vpravo

vasen / oikea

blízko / daleko

lähellä / kaukana

nový / použitý

uusi / käytetty

nic / něco

ei mitään / jotain

starý / mladý

vanha / nuori

zapnutý / vypnutý

páällä / pois päältä

otevřeno / zavřeno

auki / kiinni

tichý / hlasitý

hiljainen / äänekäs

bohatý / chudý

rikas / köyhä

správný / špatný

oikein / väärin

drsný / hladký

karhea / sileä

smutný / šťastný

surullinen / iloinen

krátký / dlouhý

lyhyt / pitkä

pomalý / rychlý

hidas / nopea

vlhký / suchý

märkä / kuiva

teplý / chladný

lämmin / viileä

válka / mír

sota / rauha

čísla

numerot

0	**1**	**2**
nula	jedna	dva
nolla	yksi	kaksi

3	**4**	**5**
tři	čtyři	pět
kolme	neljä	viisi

6	**7**	**8**
šest	sedm	osm
kuusi	seitsemän	kahdeksan

9	**10**	**11**
devět	deset	jedenáct
yhdeksän	kymmenen	yksitoista

12
dvanáct
kaksitoista

13
třináct
kolmetoista

14
čtrnáct
neljätoista

15
patnáct
viisitoista

16
šestnáct
kuusitoista

17
sedmnáct
seitsemäntoista

18
osmnáct
kahdeksantoista

19
devatenáct
yhdeksäntoista

20
dvacet
kaksikymmentä

100
sto
sata

1.000
tisíc
tuhat

1.000.000
milion
miljoona

angličtina

englanti

americká angličtina

amerikanenglanti

standardní čínština

mandariinikiina

hindština

hindi

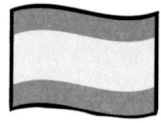

španělština

espanja

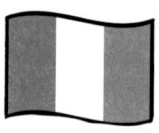

francouzština

ranska

arabština

arabia

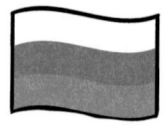

ruština

venäjä

portugalština

portugali

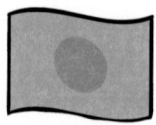

bengálština

bengali

němčina

saksa

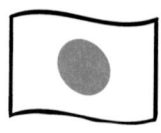

japonština

japani

já
minä

ty
sinä

on / ona / ono
hän

my
me

vy
te

oni
he

Kdo?
kuka?

Co?
mitä / mikä?

Jak?
miten?

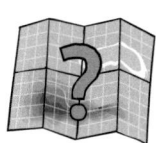

Kde?
missä?

Kdy?
milloin?

jméno
nimi

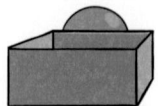

za
....
takana

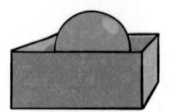

do
....
sisällä

z
....
edessä

nad
....
yläpuolella

na
....
päällä

mezi
....
alapuolella

vedle
....
vieressä

mezi
....
välissä

místo
....
paikka